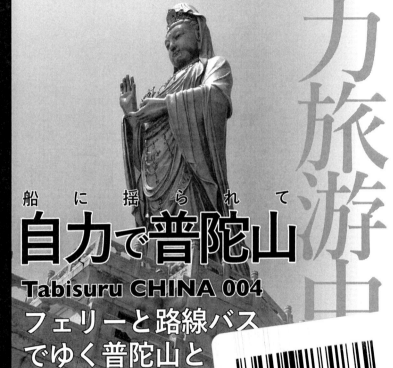

自力旅游中

船に揺られて
自力で普陀山

Tabisuru CHINA 004

フェリーと路線バス
でゆく普陀山と
寧波郊外の古刹

Asia City Guide Production

【白地図】普陀山への航路

CHINA
普陀山

普陀山への航路

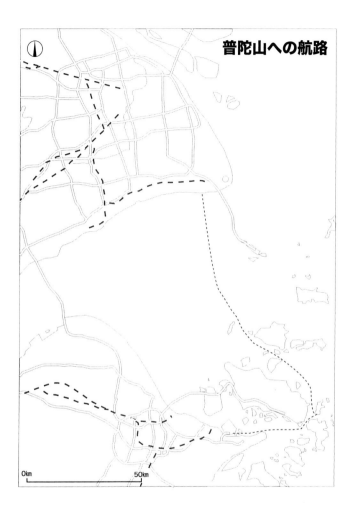

【白地図】普陀山快艇售票処（寧波）

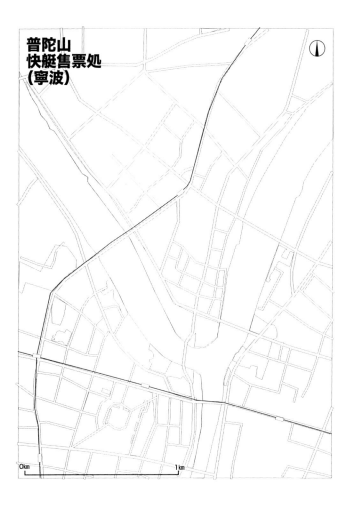

【白地図】大榭（寧波）〜普陀山

CHINA
普陀山

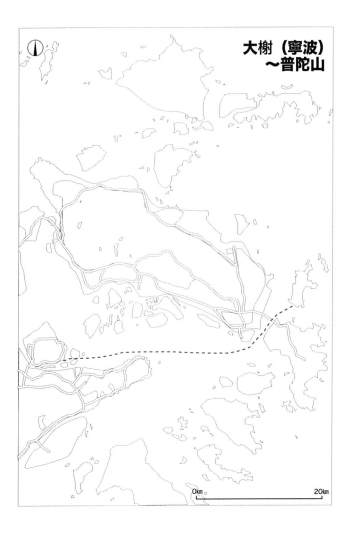

【白地図】上海南浦大橋（上海から普陀山へ）

CHINA
普陀山

【白地図】普陀山港（客運碼頭）

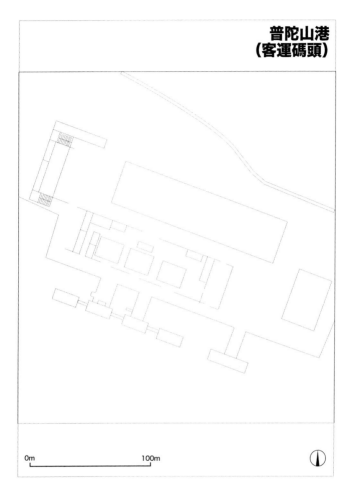

【白地図】普陀山七大エリア

普陀山七大エリア

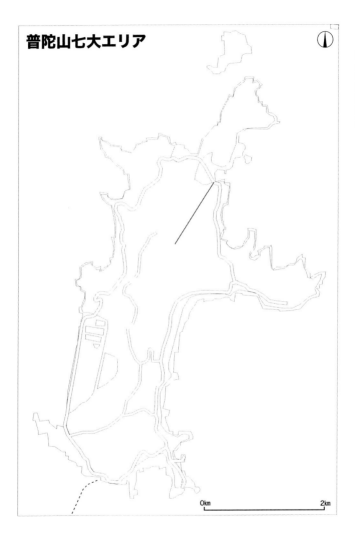

Putuoshan　白地図

【白地図】普陀山路線バス図

CHINA
普陀山

普陀山
路線バス図

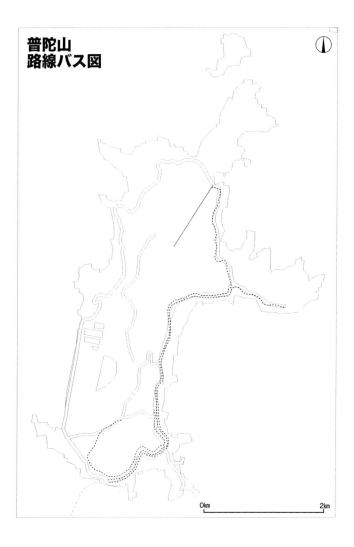

Putuoshan　白地図

【白地図】あるこう客運碼頭〜南海観音大仏〜普済禅寺

CHINA
普陀山

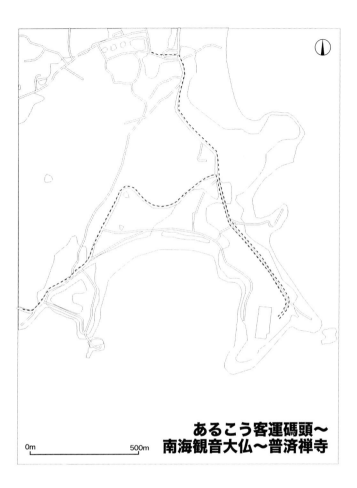

【白地図】あるこう慧済寺〜法雨寺

CHINA
普陀山

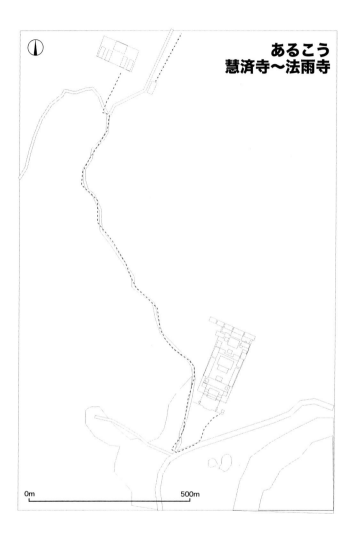

【白地図】寧波古刹への路線バス（155路と162路）

CHINA
普陀山

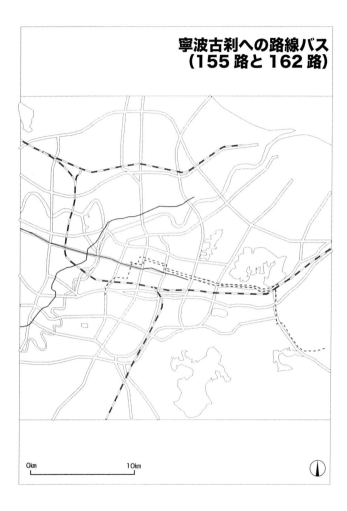

【白地図】寧波東バスターミナル（寧波汽車東站）

CHINA
普陀山

寧波東バスターミナル
(寧波汽車東站)

【白地図】天童寺〜阿育王寺の移動

CHINA
普陀山

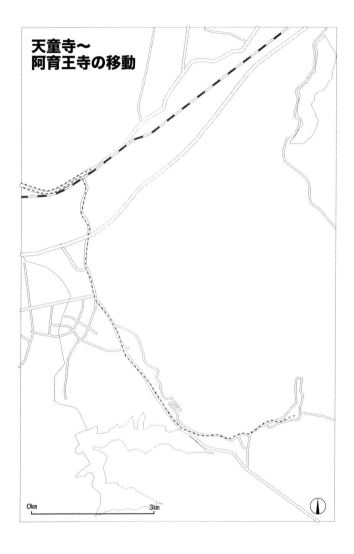

【白地図】寧波博物館への路線バス（628路）

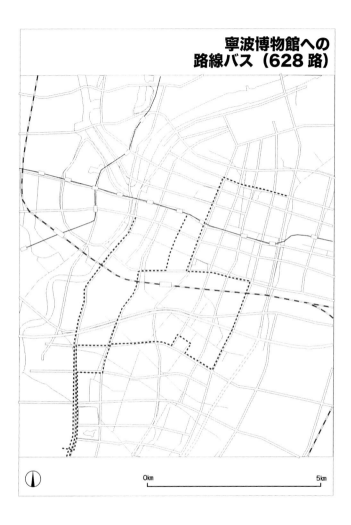

【旅するチャイナ】
001 バスに揺られて「自力で長城」
002 バスに揺られて「自力で石家荘」
003 バスに揺られて「自力で承徳」
004 船に揺られて「自力で普陀山」
005 バスに揺られて「自力で天台山」
006 バスに揺られて「自力で秦皇島」
007 バスに揺られて「自力で張家口」
008 バスに揺られて「自力で邯鄲」
009 バスに揺られて「自力で保定」
010 バスに揺られて「自力で清東陵」

CHINA
普陀山

普陀山は寧波の沖合いに浮かぶ島で、多くの巡礼者が訪れる中国仏教の聖地です。この聖地を開山したのは９世紀、遣唐使として海を渡った日本人僧の恵鍔。日本人が開山した「中国仏教の聖地」という意味でもとても稀有な場所とされます。

さて、この普陀山へは寧波や上海から船が出ています。船が出ていると言っても、寧波市街や上海市街から直接、船が出ているわけではありません。市街地からバスに乗って東海や杭州湾に面した外港まで行き、そこからフェリーに乗るの

船に揺られて
自力で普陀山
Tabisuru CHINA 004

です。実際は、市街地で「バス」と「フェリー」がセットになったチケットを買い、そこからツアーで普陀山に向かうという具合です。

　寧波市街からだと普陀山まで2時間半、上海市街からだと杭州湾を縦断しますので4時間半程度を要します。本数は断然、寧波からのほうが多いけど、上海市街から普陀山に行ければ便利でもあります。では仏教聖地、普陀山と寧波郊外の古刹の旅へとご案内しましょう。

【自力旅游中国】

Tabisuru CHINA 004 自力で普陀山

目次

自力で普陀山	xxviii
自力でゆこう普陀山へ	xxxii
普陀山島のいろは	lv
路線バスで旅する普陀山	lxviii
見て歩こう普陀山	lxxxv
さあ船に乗って帰ろう	cii
自力でゆこう寧波古刹	cix
路線バスで旅する寧波古刹	cxix
おまけで寧波博物館	cxxxiv
あとがき	cxliv

【MEMO】

自力で
ゆこう
普陀山へ

CHINA
普陀山

普陀山は寧波を出た商船の
最後の寄港地
古くから人びとはこの聖地を目指してきました

寧波へゆこう！！

長らく普陀山への足がかりとなってきたのが寧波です。寧波が港町として栄えたゆえに普陀山が仏教聖地になったとも言えます。この港町寧波へは、上海からふたつの行きかたがあります。ひとつは「上海虹橋ターミナル」から杭州経由の鉄道でゆく方法。もうひとつは「上海南駅のバスターミナル」から、杭州湾跨海大橋を越えてバスでゆく方法です。杭州や紹興を観光しつつ、寧波を目指すかたは杭州迂回ルート（鉄道とバスの組みあわせ）をおすすめします。またバスで直接寧波を目指すかたは2008年に完成した全長36kmの杭州湾跨

▲左　普陀山快艇售票処はこの寧波美術館のすぐそばに位置する。　▲右　普陀山行きのバスとフェリーの時刻表

海大橋を通ることになります。黄色い海をすべるように走る超巨大な橋で、寧波から上海への帰りの際など、一度は通ってみる価値のあるすごく長い橋でした。

寧波から普陀山

寧波は甬江、余姚江、奉化江という3つの河の合流点に開けた港町です。港町と言っても、寧波は河港ですので、甬江をくだった鎮海に長らく外港（海港）がおかれていました（そして現在、普陀山へ向かうフェリーへは、この鎮海そばの大榭から乗船します）。また寧波は千年のあいだ、栄西や道元、

CHINA
普陀山

遣明使など中国を訪れる日本の船を受け入れる中国側の窓口だったこともあり、日本人はこの街を「ネイハ」でなくて「ニンポー」と発音します。これは中国人が実際に話していた音（街の呼びかた）をそのまま日本語にとり入れた結果だそうです。同様に「明」や「清」を「メイ」や「セイ」と呼ばずに「ミン」「シン」と呼ぶのも同じ理由だからということです。

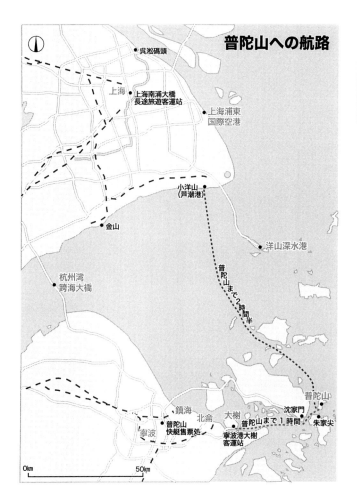

CHINA
普陀山

三江口から出発

明代には、3つの流れが集まる寧波三江口と普陀山を往復するツアーがあったと言います。そのツアーは行き帰りの船、食事つきで1銭だったとか。そして現在も普陀山行きのアクセス・ポイントとなるのは同じ三江口です。普陀山行きのチケット売り場「普陀山快艇售票処」は、三江口北側（江北）の老外灘に立つ華港賓館の1階にあります。なのでまずは普陀山快艇售票処へ行ってチケットを買いましょう（83元）。そして時間になったら、この売り場の前にバスがやってきて、普陀山行きのフェリーが出る大榭港に向かうというわけで

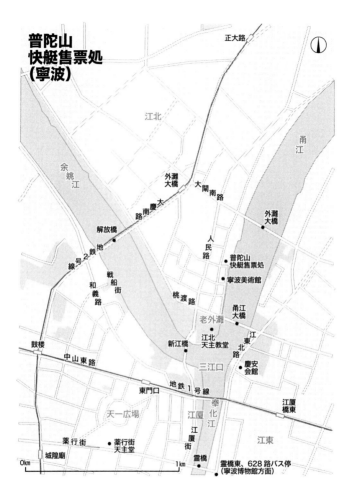

CHINA
普陀山

す。普陀山行きのアクセス・ポイントが老外灘にあるということはとても有名で、一般的な寧波人なら「普陀山快艇售票処」の場所を知っています。この普陀山快艇售票処へは、タクシーで行くことができますので、よろしければ「見せる中国語」もお使いください。

【MEMO】

我想去
普陀山快艇
售票处

[見せる中国語]
wǒ xiǎng qù pǔ tuó shān
kuài tīng shòu piào chù
ウォシィアンチュウ・プウトゥオシャン・
クゥアイティン・ショウピィアオチュウ
私は普陀山（切符売場）
にゆきたい

我要单程票到普陀山（一个人）

[見せる中国語]
wǒ yào dān chéng piào dào pǔ tuó shān
ウォヤオ・ダンチャンピャオ・ダオ・プウトゥオシャン
私は普陀山までの片道切符がほしい（ひとり分）

CHINA
普陀山

普陀山快艇售票処から大榭へ

寧波から普陀山行きのツアーは、朝6時過ぎから出ています(夏季)。大体1時間～1時間半に1本の間隔で普陀山方面へのツアーがありまして、寧波から港のある「大榭客運站(寧波港)」までバスで1時間ちょっと、そこからフェリーに乗って1時間で普陀山です。バスが大榭に着いてから10～15分ぐらいで乗り継ぎで実にスムーズ。また自力で、大榭まで行ってそこから船に乗るという方法もありますが、利便性を考えると寧波からのツアーに参加するのをおすすめします。

Putuoshan 自力でゆこう普陀山へ

［DATA］寧波から普陀山

・寧波から普陀山までバス代とフェリー代あわせて83元

・朝6時過ぎから昼15時ごろまで1時間〜1時間半に1本

・朝6時20分発の寧波からのバスは、1時間ちょっとで大榭着。大榭朝8時発の船に乗り、普陀山朝9時ごろ着。寧波から普陀山まで2時間半程度

CHINA
普陀山

普陀山へのフェリーが出る大榭港

大榭港のある大榭は寧波沖すぐのところに浮かぶ島です。古く、寧波の外港があったのが甬江口の鎮海、そしてその東隣に寧波開発区の北侖があります。大榭はこの北侖のさらに東側に位置します。大榭港あたりにはビルが立ちならんでいますが、旅人的にはほとんど何もないと見ておくほうがよいでしょう。寧波から1時間半弱、バスに乗って、大榭港に着いたらぞろぞろとフェリーに向かいます。調査時点では、この大榭港にお惣菜を売る売店があり、そこで船のなかで食べる食料を買う人もいました。

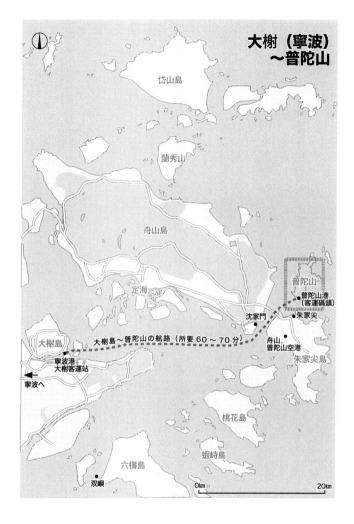

普陀山

普陀山への船中の様子

寧波から普陀山への船旅は約1時間。中国の集団旅行を体験されたかたはご存知でしょうが、これが結構、飽きさせません。車掌さんが場をしきって、普陀山の案内をしたり、土産物の販売をはじめたり、日本のはとバスのようです。船中では、カラオケもはじまり、普陀山への船中はすっかり楽しいものとなったのでした。ところで、ちょっと神経過敏かもしれませんが、この船で気になったところをひとつ。船の窓は基本的に開閉できないうえ、座席一列分にものすごくたくさんの人が乗ります。おそらく日本の船で決まっている以上の

▲左　まずはバスでフェリーの待つ港へ向かう。　▲右　普陀山は東海に浮かぶ島、必ずフェリーを使うことになる

密度と推測されます。そのため、もしも沈没したりしたら、脱出できるのだろうか？？　と少し乗って不安になったのを憶えています。さて、普陀山まで１時間程度。舟山群島を流れる海流のなか、船は進んでいきます。

上海から普陀山

今回紹介する旅程では、寧波と普陀山を往復するフェリーに乗りましたので、実際、上海〜普陀山間のフェリーには乗っておりません。そのため、上海からの旅程は普陀山港と南浦大橋で調査したものと伝聞情報であることをお断りしておき

CHINA
普陀山

ます。上海からの船は、南浦大橋から小洋山（芦潮港）を経由して普陀山にいたるもの（所要4時間半）、上海南側の金山と普陀山を往復するもの（金山から所要2時間半）、上海北長江側の呉淞碼頭からの航路ががあります(所要12時間)。いずれも寧波発着の便にくらべると本数が限られていますので、万が一チケットが入手できなかった場合のことも考えておく必要があります。一口に上海と言っても行き先がいくつかあるため、普陀山港では上海への航路は「上海方面」と表記されていました。

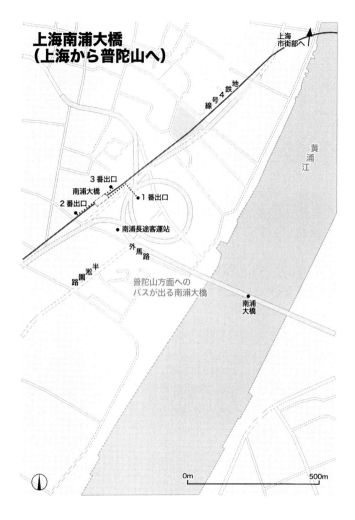

普陀山

南浦大橋から普陀山

上海から普陀山へいたるもっともメインなルートは、上海市街からすぐの南浦大橋を出発するものです。この南浦大橋のすぐそばに、普陀山方面へのバスが出る「南浦長途客運站」が位置するのです。寧波の場合と同じく、上海の外港にあたる小洋山（芦潮港）までバスで行き、そこから船に乗って普陀山に行くという具合です。南浦大橋から小洋山（芦潮港）までは2時間程度、小洋山（芦潮港）から普陀山まで2時間半です。なおこのあたりは洋山深水港という上海の新たな外港が整備されておりまして、なんと小洋山（芦潮港）に近

い滴水湖から、リニアモーターカーの発着する龍陽路まで地下鉄16号線が伸びているのです。上海の拡大はとまらない。そんな感じでしょうか。

[DATA] **上海南浦大橋から普陀山**

・南浦大橋(8時15分発)→小洋山(10時10分発)→普陀山(13時前着)

・普陀山（13時半発）

・258元〜

CHINA
普陀山

［DATA］上海呉淞から普陀山

・上海呉淞（夜 20 時発）→普陀山（朝 8 時着）

・普陀山（夕方 17 時発）→上海呉淞（朝 6 時半着）

【MEMO】

普陀山
島の
いろは

フェリーに揺られて普陀山到着
東西 3.5 km、南北 8.6 kmからなる島
ここは中国四大仏教聖地のひとつです

島への入口「普陀山港」

普陀山の港は島の南側にあります。なんでもこちらが深水で船舶が停泊するのに適しているのだそうです。恵鍔が上陸したのは、この港から 1.5 kmほど東の潮音洞あたり。そして今の港ができるまでは、すぐ東隣の短姑道頭に港がありました（島への入口にあたる牌楼も残っています）。まず旅人は普陀山港に着いたら入山料を払う必要があります。夏なら 160 元、冬なら 140 元です。で港を出るとすぐのところに客運広場、その客運広場の東側に「客運碼頭」のバス停があります。このバス停「客運碼頭」が普陀山の路線バスがすべて集まる第

CHINA
普陀山

1のターミナルになります。黄色いバスが待機していますのですぐにわかると思います。ここから路線バスに乗って普陀山をまわってみましょう。

普陀山七大エリア

普陀山の観光地はおもに7つのエリアにわかれています。そして、それらのエリアへそれぞれに足がかりとなるバス停が整備されています。バスは3路線ありますが、大雑把に言えば、「島の東側を南北に往復する大幹線がある」、そして「その南側と北側で異なる路線が枝わかれしている」というとこ

普陀山港
(客運碼頭)

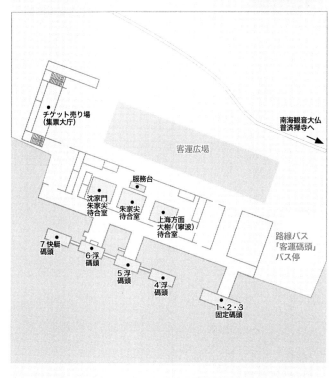

CHINA
普陀山

ろでしょうか？　さて普陀山七大エリアです。エリア名とバス停名は同じになります。1、客運碼頭、2、●紫竹林（南海観音）、3、●百歩沙（普済寺）、4、法雨寺（千歩沙）、5、●客運索道（坐纜車上仏頂山）、6、梵音洞、7、西天渡口（普済寺西）の7つです。そのうち、とくに旅人が外したくないエリアは、●（蛇の目）をつけた3つになります。

1、「客運碼頭」バス停を最寄りとする見どころ

・普陀山港　普陀山码头 pǔ tuó shān mǎ tóu プウトゥオシャンマアトウ

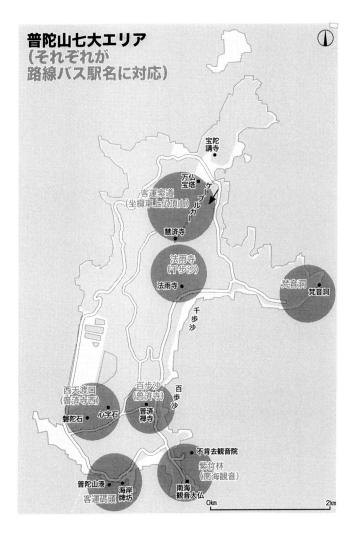

普陀山

・海岸牌坊 海岸牌坊 hǎi àn pái fāng ハァイアンパァイファン
・短姑道頭 短姑道头 duǎn gū dào tóu ドゥアングウダオトォウ

2、●「紫竹林（南海観音）」バス停を最寄りとする見どころ
・龍湾村 龙湾村 lóng wān cūn ロォンワンチュン
・不肯去観音院 不肯去观音院 bù kěn qù guān yīn yuàn ブウカァンチュウグゥアンインユゥエン
・潮音洞 潮音洞 cháo yīn dòng チャオインドォン
・抗倭石刻 抗倭石刻 kàng wō shí kè カァンウォシイカァ

▲左　普陀山行きのフェリーの内部、遠足気分が味わえる。　▲右　上海や寧波、各地から普陀山へ巡礼に訪れる

・南海観音大仏　南海观音大佛 nán hǎi guān yīn dà fú ナァンハイグゥアンインダアフウ

・観音跳　观音跳 guān yīn tiào グゥアンインティアオ

・新羅礁　新罗礁 xīn luō jiāo シィンルゥオジィアオ

3、● 「百歩沙（普済寺）」バス停を最寄りとする見どころ

・普済禅寺　普济禅寺 pǔ jì chán sì プウジイチャァンスウ

・多宝塔院　多宝塔院 duō bǎo tǎ yuàn ドゥバオタアユゥエン

・百歩沙　百步沙 bǎi bù shā バァイブウシャア

普陀山

4、「法雨寺（千歩沙）」バス停を最寄りとする見どころ

・千歩沙 千步沙 qiān bù shā チエンブウシャア

・法雨寺 法雨寺 fǎ yǔ sì ファアユウスウ

・楊枝庵 杨枝庵 yáng zhī ān ヤァンチイアン

・歩いて登る慧済寺 慧济寺 huì jì sì フゥイジイスウ

5、●「客運索道（坐纜車上仏頂山）」バス停を最寄りとする見どころ

・慧済寺 慧济寺 huì jì sì フゥイジイスウ

・万仏宝塔 万佛宝塔 wàn fú bǎo tǎ ワァンフウバァオタア

・宝陀講寺 宝陀讲寺 bǎo tuó jiǎng sì バァオトゥオジィアンスゥ

6、「梵音洞」バス停を最寄りとする見どころ

・梵音洞 梵音洞 fàn yīn dòng ファンインドォン

7、「西天渡口（普済寺西）」バス停を最寄りとする見どころ

・盤陀石 盘陀石 pán tuó shí パァントゥオシイ

・心字石 心字石 xīn zì shí シィンツゥシイ

・梅福庵 梅福庵 méi fú ān メイフウアン

CHINA
普陀山

・二亀聴法石 二龟听法石 èr guī tīng fǎ shí アアグイティンファンシイ
・ただし、これらの見どころは「百歩沙（普済寺）」側からも歩けます。

普陀山ベスト5

普陀山にはいろいろ見どころがあるようだけど、半日しか時間はない。急いで観光する場合はどうすればいいの？　という質問にあわせて、普陀山見どころベスト5を発表します。普陀山ベスト1位は南海観音大仏、2位は普済禅寺、3位は

▲左　派手に装飾された仏像。　▲右　仏教寺院がいくつも立つ中国四大仏教聖地のひとつ

島のてっぺんに立つ慧済寺、4位は法雨寺、5位は百歩沙（および潮音洞あたりの岩石ぶり）です。個人的な趣味を言いますと、5位が2位にきます。それほど素晴らしい砂浜と荒々しい岩でした。また3位の慧済寺と4位の法雨寺のあいだはぜひ歩いてほしいところです。途中で普陀山を象徴する文言「海天仏国」の刻まれた石碑にも出逢えます。

ケーブルカーどう使う？？

普陀山というからには、普陀山は島であり、山でもあります。島の北側から最高峰の仏頂山291mへのケーブルカーが伸び

CHINA
普陀山

ています。このケーブルカーの山下駅は普陀山北側にあり、そこには万仏宝塔、宝陀講寺という21世紀を迎えるにあたって建立された新しい寺院が立っています。南側にくらべて観光資源の少ない北側に意図的につくったように思えます。ところで資料などには「(普陀山の面積のわりに)意外に仏頂山は高い」と書かれておりまして、往復チケットを買ってみたのですが、これが失敗でした。頂上の慧済寺から法雨寺まで歩いてごくわずか。ケーブルカーで登るなら、歩いておりよう。あるいは歩いて登るなら、ケーブルカーでおりよう。で、往復チケットは不要に思いました。

[DATA] **普陀山索道纜車（ケーブルカー）** 普陀山索道缆车

・索道山下駅と索道山上駅を往復する

・片道30元、往復50元

・全長1095m、高低差223m

・6時半〜17時に開業（夏季）

路線バスで旅する普陀山

CHINA
普陀山

普陀山いろはの次です
路線バスに乗ったり歩いたり
普陀山を存分に楽しみましょう

路線バスに乗ろう！！

普陀山を走る路線バスを「普陀山旅游巴士」と言います。3つの路線バスのうち、すべての路線が集まるのが「客運碼頭」と「百歩沙（普済寺）」（およびそのあいだの区間）で、このふたつの駅はターミナル的になっています。1〜3路のバスの来るホームがそれぞれあって、旅人はそこにならぶ感じです。普陀山の路線バスはどれも10〜20分間隔程度で運行されていて、あまり待ったという憶えはありません。運賃はひと乗り2〜10元で、島の端から端まで乗っても10元。運行時間は朝6時半〜夕方まで。島中心から離れた北端の「客運

Putuoshan 路線バスで旅する普陀山

索道（坐纜車上仏頂山）」あたりは夕方16時半ごろまで走っていて、「客運碼頭」〜「法雨寺（千歩沙）」のあいだは夕方18時まで走っているという具合です。

行き先を確認しよう

普陀山の路線バスルートはわかりやすい。ただしわかりやすいのは路線図のうえでの話です。実際、1路も、2路も、3路も、黄色の同じバスで、外からはどれが1路か、2路かはわかりません。しかし、ご安心ください。バスはわかりにくくても、行き先を告げる看板がとってもわかりやすいのです。行

CHINA
普陀山

き先の異なる複数のホーム（乗り場）があっても、「To 开往（～行き）」とはっきりと書いてあるのです。例えば客運碼頭行きなら、「To 开往 客运码头」という具合です。そのため、まず行きたい場所をチェック。そして、その場所に着いたら降りるという流れです。1路、2路、3路とも多くのバス停がありますが、旅人が実際に利用するのは上述の七大エリアがほとんど。そのとき、中国人観光客がどっと降りますので、そんなに迷うことはないでしょう。けれども、もしも百歩沙（普済寺）、法雨寺（千歩沙）など途中の駅で降りるのが怖いという場合は、2路の「客運碼頭→客運索道（坐纜車上仏頂

▲左　行き先の記された看板、これに注目。　▲右　バス停でならぶ人たち、バスもやってきた

山)」、1路の「客運碼頭→百歩沙（普済寺）」と終点まで乗るやりかたをおすすめします。バスの着いた場所が観光する目的地になります。

[DATA] 普陀山路線バス 普陀山旅游巴士 pǔ tuó shān lǚ yóu bā shì プウトゥオシャンリュウヨウバアシイ

・島南端の「客運碼頭」と島北端の「客運索道（坐纜車上仏頂山）」を結ぶ2路（逆方向は12路）、島北東端の「梵音洞」を結ぶ3路（逆方向は13路）、島南端の「客運碼頭」を通って、島中心の普済禅寺の東と西を結ぶ1路（逆方向は11路）

の3路線がある

・朝6時半から夕方（16時半と18時）。「客運索道（坐纜車上仏頂山）」や「梵音洞」といった島中心から遠い場所への便は夕方16時半まで。「客運碼頭」から「法雨寺（千歩沙）」といった港に近い場所は夕方18時まで

・バス運賃は2〜10元。「客運碼頭」から「紫竹林（南海観音）」まで2元、「百歩沙（普済寺）」まで4元、「法雨寺（千歩沙）」まで6元、「客運索道（坐纜車上仏頂山）」まで10元というふうに距離ごとに増えていく

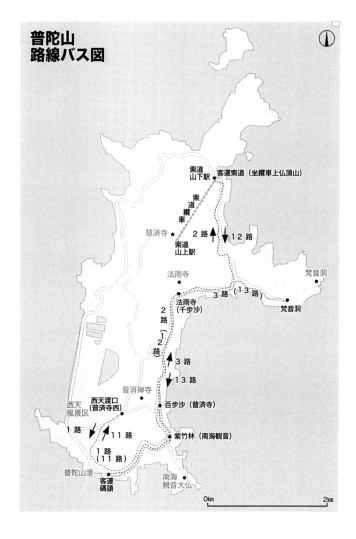

CHINA
普陀山

[DATA] 路線バス1路 yāo lù ヤオルウ（11路）

・【1路は、西天渡口（普済寺西）→百歩沙（普済寺東）】【11路は、百歩沙（普済寺東）→西天渡口（普済寺西）】

・路線1路（11路）停車駅［西天渡口（普済寺西）西天渡口（普济寺西）ー海鮮園（西天景区）海鲜园（西天景区）ー海防新村 海防新村ー客運碼頭 客运码头ー入三摩地（南天門）入三摩地（南天门）ー紫竹林（南海観音）紫竹林（南海观音）ー百歩沙（普済寺東）百步沙（普济寺东）］

▲左　客運索道（坐纜車上仏頂山）から仏頂山の頂へいたるケーブルカー。
　▲右　黄色いマイクロバスが普陀山各地へ走る

[DATA] 路線バス2路 èr lù アアルウ（12路）

・【2路は、客運碼頭→客運索道（坐纜車上仏頂山）】【12路は、客運索道（坐纜車上仏頂山）→客運碼頭】

・路線バス2路（12路）停車駅［客運碼頭　客运码头ー入三摩地（南天門）入三摩地（南天门）ー紫竹林（南海観音）紫竹林（南海观音）ー百歩沙（普済寺）百步沙（普济寺）ー仙人井（朝陽洞）仙人井（朝阳洞）ー大乗庵　大乘庵ー法雨寺（千歩沙）法雨寺（千步沙）ー飛沙嶴　飞沙岙ー宝月庵　宝月庵ー古仏洞　古佛洞ー客運索道（坐纜車上仏頂山）客运索道（坐缆车上佛顶山）］

普陀山

[DATA] 路線バス3路 sān lù サンルウ（13路）

・【3路は、客運碼頭→梵音洞】【13路は、梵音洞→客運碼頭】

・3路(13路)停車駅［客運碼頭 客运码头ー入三摩地（南天门）入三摩地（南天门）ー紫竹林（南海観音）紫竹林（南海观音）ー百步沙（普济寺）百步沙（普济寺）ー仙人井（朝陽洞）仙人井（朝阳洞）ー大乗庵 大乘庵ー法雨寺（千步沙）法雨寺（千步沙）ー飛沙嶴 飞沙岙ー祥慧庵 祥慧庵ー梵音洞 梵音洞］

我想去客运码头

[見せる中国語]
wǒ xiǎng qù kè yùn mǎ tóu
ウォシィアンチュウ・カアユン・マアトウ
私は客運碼頭にゆきたい

我想去紫竹林（南海观音）

[見せる中国語]
wǒ xiǎng qù zǐ zhú lín
ウォシィアンチュウ・ツウチュウリン
私は紫竹林（南海観音）
にゆきたい

我想去
百步沙
(普济寺东)

[見せる中国語]
wǒ xiǎng qù bǎi bù shā
ウォシィアンチュウ・バァイブウシャア
私は百步沙（普済寺）
にゆきたい

我想去法雨寺（千步沙）

[見せる中国語]
wǒ xiǎng qù fǎ yǔ sì
ウォシィアンチュウ・ファアユウスウ
私は法雨寺（千步沙）にゆきたい

我想去客运索道（坐缆车上佛顶山）

[見せる中国語]
wǒ xiǎng qù kè yùn suǒ dào
ウォシィアンチュウ・カアユンスゥオダオ
私は客運索道にゆきたい

我想去
梵音洞

[見せる中国語]
wǒ xiǎng qù fàn yīn dòng
ウォシィアンチュウ・ファンインドォン
私は梵音洞にゆきたい

我想去
西天渡口
（普済寺西）

［見せる中国語］
wǒ xiǎng qù xī tiān dù kǒu
ウォシィアンチュウ・シーティエンドゥコウ
私は西天渡口
（普済寺西）にゆきたい

【MEMO】

見て歩こう普陀山

普陀山を代表する七大エリア
いまどこ？ つぎここ
バス停からバス停へ

ラクチンな普陀山観光

普陀山の旅は一言で言うと「とにかく観光しやすい!!」 ということです。というのは、中国の観光地は巨大なものが多く、北京故宮などは午門から背後の神武門まで歩くと、クタクタになってしまいますよね。同様のことが上海の外灘などでも言えます。それに中国の道路は片道5車線もめずらしくなく、ヘタしたら道路を渡るだけ疲れてしまう。かと言って、インドのリキシャのような便利なものはなかなか見あたりません。中国観光最大の敵は、「歩く以上、地下鉄・タクシー利用未満」の移動だといつも思います。そんななかで普陀山

普陀山

は、面積の限られた島ということもあり、実にヒューマンスケールな旅行ができてしまうのです。歩いてすぐ。路線バスでスイスイ。そんな心地よい観光ができるのでした。

[DATA] 普陀山 普陀山 pǔ tuó shān プウトゥオシャン
・4〜11月は160元
・12〜3月は140元
・港で入山料を払い、それぞれの寺院で別途5元程度支払う

▲左　南海観音菩薩は新たな普陀山のシンボル。　▲右　このあたりに観音が現れるという、潮音洞

【いま碼頭停車場 ［アクセス情報］】

→つぎ紫竹林（南海観音）［开往　紫竹林（南海观音）］歩ける距離、1路か2路か3路

→つぎ百歩沙（普済寺）［开往　百步沙（普济寺东）］1路か2路か3路

→つぎ法雨寺（千歩沙）［开往　法雨寺（千步沙）］2路か3路

→つぎ客運索道（坐纜車上仏頂山）［开往　客运索道（坐缆车上佛顶山）］2路

→つぎ梵音洞［开往　梵音洞］3路

→つぎ西天渡口（普済寺西）［开往　西天渡口（普济寺西）］1路

普陀山

[DATA] **南海観音大仏** 南海观音大佛
nán hǎi guān yīn dà fú ナァンハイグゥアンインダアフウ

・朝8時〜夕方17時

・6元

・別途入山料が必要

[DATA] **不肯去観音院** 不肯去观音院 bù kěn qù guān yīn yuàn ブウカァンチュウグゥアンインユゥエン

・朝8時〜夕方18時

・5元

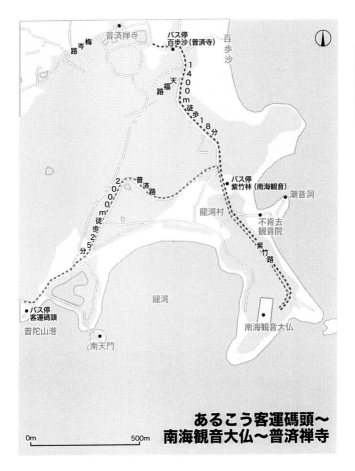

あるこう客運碼頭〜南海観音大仏〜普済禅寺

普陀山

・別途入山料が必要

【いま紫竹林（南海観音）[アクセス情報]】

→つぎ客運碼頭［开往 客运码头］　歩ける距離、1路か2路か3路

→つぎ百歩沙（普済寺）［开往 百步沙（普济寺）］歩ける距離、1路か2路か3路

→つぎ法雨寺（千歩沙）［开往 法雨寺（千步沙）］2路か3路

→つぎ客運索道（坐纜車上仏頂山）［开往 客运索道（坐缆车上佛顶山）］2路

→つぎ梵音洞［开往 梵音洞］3 路

→つぎ西天渡口（普济寺西）［开往 西天渡口（普济寺西）］1 路

[DATA] **普済禅寺** 普济禅寺
pǔ jì chán sì プウジイチャァンスウ

・朝6時半〜夕方18時

・5元

・別途入山料が必要

普陀山

[DATA] 百步沙 百步沙 bǎi bù shā バァイブウシャア

・のざらし

・別途入山料が必要

【いま百步沙（普済寺）[アクセス情報]】

→つぎ客運碼頭［开往 客运码头］1路か2路か3路

→つぎ法雨寺（千步沙）［开往 法雨寺（千步沙）］2路と3路

→つぎ客運索道（坐纜車上仏頂山）［开往 客运索道（坐缆车上佛顶山）］2路

→つぎ紫竹林（南海観音）［开往紫竹林（南海观音）］歩ける

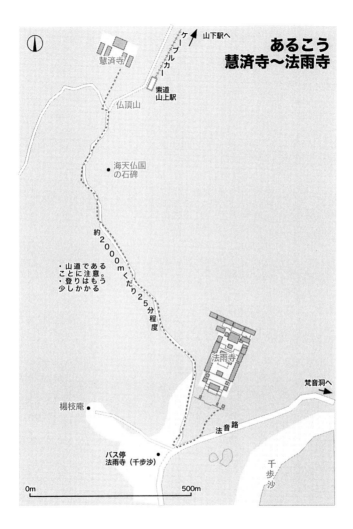

普陀山

距離、1路か2路か3路

→つぎ梵音洞［开往 梵音洞］3路

→つぎ西天渡口（普济寺西）［开往 西天渡口（普济寺西）］1路

[DATA] 法雨寺 法雨寺 fǎ yǔ sì ファアユウスウ

・朝6時半〜夕方18時

・5元

・別途入山料が必要

▲左　美しい浜辺の百歩沙。　▲右　普済禅寺は普陀山の信仰の中心

【いま法雨寺（千歩沙）［アクセス情報］】

→つぎ客運碼頭［开往　客运码头］2路か3路

→つぎ百歩沙（普済寺）［开往　百步沙（普济寺）］2路か3路

→つぎ客運索道（坐纜車上仏頂山）［开往　客运索道（坐缆车上佛顶山）］2路

→つぎ紫竹林（南海観音）［开往　紫竹林（南海观音）］2路か3路

→つぎ梵音洞［开往　梵音洞］3路

→つぎ西天渡口（普済寺西）［开往　西天渡口（普济寺西）］2路か3路で客運碼頭で乗り換えて1路

普陀山

[DATA] **慧済寺** 慧济寺 huì jì sì フゥイジイスウ

・朝6時半〜夕方16時

・5元

・別途入山料が必要

【いま客運索道（坐纜車上仏頂山）[アクセス情報]】

→つぎ客運碼頭[开往 客运码头]2路

→つぎ法雨寺（千步沙）[开往 法雨寺（千步沙）]2路

→つぎ百步沙（普済寺）[开往 百步沙（普济寺）]2路

→つぎ紫竹林（南海観音）[开往 紫竹林（南海观音）]2路

→つぎ梵音洞［开往　梵音洞］2路で法雨寺（千歩沙）で乗り換えて3路

→つぎ西天渡口（普济寺西）［开往　西天渡口（普济寺西）］2路で客運碼頭で乗り換えて1路

［DATA］梵音洞 梵音洞 fàn yīn dòng ファンインドォン

・のざらし

・別途入山料が必要

CHINA
普陀山

【いま梵音洞［アクセス情報］】

→つぎ客運碼頭［开往 客运码头］3路

→つぎ法雨寺（千步沙）［开往 法雨寺（千步沙）］3路

→つぎ百步沙（普済寺）［开往 百步沙（普济寺）］3路

→つぎ客運索道（坐纜車上仏頂山）［开往 客运索道（坐缆车上佛顶山）］3路で法雨寺（千步沙）で乗り換えて2路

→つぎ紫竹林（南海観音）［开往 紫竹林（南海观音）］3路

→つぎ西天渡口（普済寺西）［开往 西天渡口（普济寺西）］3路で客運碼頭で乗り換えて1路

▲左　普陀山の最高峰に立つ慧済寺。　▲右　普済禅寺、慧済寺とならぶ普陀山三大寺院のひとつ法雨寺

[DATA] 西天風景区

・のざらし

・別途入山料が必要

【いま西天渡口（普済寺西）[アクセス情報]】

→つぎ客運碼頭［开往 客运码头］1 路

→つぎ紫竹林（南海観音）［开往 紫竹林（南海观音）］1 路

→つぎ百歩沙（普済寺）［开往 百步沙（普济寺）］1 路

→つぎ法雨寺（千歩沙）［开往 法雨寺（千步沙）］1 路で客運碼頭で乗り換えて 2 路か 3 路

CHINA
普陀山

→つぎ客運索道（坐纜車上仏頂山）［开往 客运索道（坐缆车上佛顶山）］1路で客運碼頭で乗り換えて2路
→つぎ梵音洞［开往 梵音洞］1路で客運碼頭で乗り換えて3路

旅のモデルプラン

半日で普陀山を観光したい、というあまり時間のない旅人のためにかんたんなモデルプランをご紹介します。まず港のある客運碼頭から路線バス2路に乗って一気に「客運索道（坐纜車上仏頂山）」駅まで行きます（10元）。そして、ケーブ

Puttoshan 見て歩こう普陀山

ルカーで仏頂山に登って慧済寺を見学。そこから歩いて法雨寺方面へくだっていく。このとき、「海天仏国」の石碑もチェックください。続いて、法雨寺から普済禅寺へ路線バス（2路か3路）。普済禅寺から百歩沙を眺めつつ、南海観音大仏方面へ歩いてみましょう。不肯去観音院や潮音洞をあわせて見て、最後に南海観音大仏。南海観音大仏から客運碼頭までは路線バス（1路、2路、3路）でも歩いてもすぐに帰れます。ほぼ待ち時間は気にならず、なかなか快適な旅ができることでしょう。

さあ船に乗って帰ろう

CHINA
普陀山

山あり海ありの
普陀山からもお別れ
普陀山の港へ戻りましょう

普陀山港から

普陀山から帰りの切符は、港（客運碼頭）すぐそばのチケット売り場（集票大庁）で売っています。調査時点では「～行き何時何分」と書いた看板をもった客引きもいましたので、すぐにわかると思います。普陀山港からは、「大榭（寧波）」「上海方面」、そして舟山群島の「朱家尖」「沈家門」への航路があります。沈家門とは普陀山西側の大きな舟山島東端にある港町で、陸路で定海、そしてそこから車で寧波に帰る場合はこの「沈家門」行きに乗ります。また「朱家尖」は普陀山の南側にあり、この島には舟山普陀山空港が位置します。

さあ船に乗って帰ろう

朱家尖まではわずか3㎞、沈家門までも10㎞に満たないため、両者の船は頻繁に往復しています。そして、昼13時半の上海小洋山行きのフェリーに、中国人観光客が大挙して乗っていったという光景を見ました。

なぜか帰りは93元

普陀山の港では、旅行代理店による客引きが結構さかんです。なかでも旅行代理店が切符を代理で買ってくれるというサービスもありました。大榭（寧波）までの運賃83元を「ならばずに100元で買ってくれる」というものです。はっきり

CHINA
普陀山

言ってあんまし意味がないようでしたので、自分で買えばいいと思います。よろしければ［見せる中国語］をお使いください。ところで普陀山から「大榭（寧波）までの運賃83元」と書きました。行きは寧波三江口（市街地）から大榭を通り、普陀山まで83元だったのですが、帰りはなぜか大榭（寧波）の港までが83元でした。大榭（寧波）に着いたら、船便にあわせてバスが待機していて、そこで寧波三江口（市街地）まで10元払わされるはめになったのです。そのため帰りの運賃は実質93元でしたが、この仕組みは「実に中国的だ」と感じたのでした。寧波に着いたときはもうクタクタだった

我要单程票
到大榭
(一个人)

[見せる中国語]
wǒ yào dān chéng piào dào dà xiè
ウォヤオ・ダンチャンピャオ・
ダオ・ダアシエ
私は寧波（大榭）までの
片道切符がほしい（ひとり分）

普陀山

ものの、普陀山の旅をたっぷり漫喫できました。

【いま普陀山港［アクセス情報］】

→つぎ大榭（寧波）朝7時半〜夕方16時のあいだ1〜1時間半ごとに運航

→つぎ上海小洋山　昼13時半発

→つぎ上海呉淞　夕方17時発

→つぎ朱家尖　朝6時20分〜夕方17時20分のあいだ頻発

→つぎ沈家門　朝6時〜夕方17時10分のあいだ頻発

▲左　普陀山の港（客運碼頭）で客待ちする人たち。　▲右　巨大なきゅうりが売られていた

［DATA］大榭（寧波）行きの船

・大榭まで83元（所要60分〜70分）、そこから寧波までバスで10元（所要1時間半弱程度）

・1時間〜1時間半間隔に1本

さあ船に乗って帰ろう

自力で
ゆこう
寧波古刹

栄西や道元の修行地
日本人による寧波の乱
寧波への旅は日本を知る旅でもあります

寧波郊外の古刹へ

寧波に行ったらはずせない。そんなお寺がふたつあります。天童寺と阿育王寺です。ところがこのふたつのお寺、寧波市街からは離れてしまっていて、タクシーをチャーターするか、路線バスを使うか、どちらかの選択肢を選ばなくてはなりません。天童寺と阿育王寺はいずれも鎌倉仏教の栄西や道元が修行したという日本禅宗ゆかりの寺院です。そして、このふたつのお寺は寧波東郊外の互いに近い場所に立ち、一度でまわれてしまうのです。ここからは、寧波から天童寺、阿育王寺と実際に路線バスに乗って旅したルートをご紹介します。

普陀山

まずは寧波東バスターミナルへ

天童寺と阿育王寺はいずれも寧波東郊外に位置します。そしてこの寧波東郊外への起点となっているのが、寧波東バスターミナル(寧波汽車東站)です。中国語で「站」は「駅」のことですので、「○○站」と表示されている場合は、「○○駅」のことだと考えてください(汽車はバスのことです)。さて、この寧波東バスターミナル(寧波汽車東站)は、寧波を東西に走る地下鉄1号線の福明路駅から徒歩10分足らずの距離となっています。中国では上海南駅や上海北駅、南京南駅や南京西駅というように「街の名前」プラス「方角名」がついているケースが

▲左　寧波東バスターミナル（寧波汽車東站）南側の道路に出ていた屋台。
▲右　あの道元が修行したという天童寺

多いのです。これは上海南駅なら、「上海の南方面へ行く（あるいは来る）ための駅」だということです。そのため寧波東バスターミナル（寧波汽車東站）は「寧波の東方面へ行くための駅」で、天童寺と阿育王寺への起点になります。

さあ乗ろう！！　162路か155路

寧波東バスターミナル（寧波汽車東站）から天童寺へ直通の162路が出ています。また阿育王寺は寧波から東に向かって走る五郷東路沿いに位置し、この街道を155路、758路、759路、790路など複数の路線バスが走っています。そして主要幹線

寧波古刹への路線バス
(155路と162路)

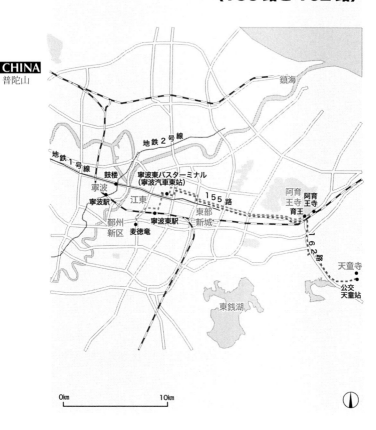

寧波東バスターミナル
(寧波汽車東站)

CHINA
普陀山

(五郷東路)から南側に入ってしばらく行ったところに天童寺が位置するのです。どれに乗っていいかわからないという場合は、「阿育王寺へのバスは155路(直通)」「天童寺へのバスは162路(直通)」と憶えてください。ちなみに155路、758路、759路、790路は必ずしもすべてのバスが寧波東バスターミナル(寧波汽車東站)を始発とせず、より寧波市街に近いところから出発する路線もあります。けれども、わかりやすさ、迷わなさ、便の多さ、天童寺と阿育王寺両方行ける便利さなどから、余程の猛者以外は寧波東バスターミナル(寧波汽車東站)にいったん行くのをおすすめします。

路線バスで旅する寧波古刹

寧波の東って・・・

ところで「なぜ寧波東郊外の阿育王寺方面に行くバスがこんなに多いの？」と思われるかもしれません。それは阿育王寺の先の港北侖に、寧波の開発区がおかれているからです。古くは寧波港と言えば、寧波三江口の河港をさしましたが、今寧波港と言えば、この北侖をさします。そして両者のあいだに、東部新城という新市街もできています。路線バスで走っていたら、なんじゃこりゃ？　というほどの現代建築が現れますので、それが新市街の東部新城です。

［見せる中国語］
wǒ xiǎng qù
níng bō qì chē dōng zhàn
ウォシィアンチュウ・
ニィンボウ・チイチャアドンチャン
私は寧波東バスターミナル
（寧波汽車東站）にゆきたい

我想去寧波汽車東站

[見せる中国語]
wǒ xiǎng qù tiān tóng sì
ウォシィアンチュウ・
ティエントォンスウ
私は天童寺にゆきたい

我想去
天童寺

[見せる中国語]
wǒ xiǎng qù ā yù wáng sì
ウォシィアンチュウ・アアユウワンスウ
私は阿育王寺にゆきたい

我想去
阿育王寺

路線バス
で旅する
寧波古刹

さて路線バスに乗って
中国屈指の古刹へ
1日でふたつの寺院をまわりましょう

天童寺と阿育王寺どっち先に行く？

天童寺と阿育王寺どちらを先に行けばいいのでしょう？　答えはズバリ天童寺です。先ほど申しあげたように、阿育王寺と寧波東バスターミナル（寧波汽車東站）のあいだはかなりの数のバスが走っていますが、天童寺へは162路のみです。ということは先に162路で天童寺へ行って、あとから阿育王寺側に戻ってくるという方法をとったほうが賢明だと思います。万が一、阿育王寺観るの遅くなったとなっても、バスは頻繁に走っているからです。さあ、162路で天童寺へレッツゴー。

普陀山

【いま寧波汽車東站 [アクセス情報]】

→つぎ天童寺 162 路

→つぎ阿育王寺 155 路（直通）、758 路、759 路、790 路

[DATA] 162 路 yāo liù èr lù ヤオリィウアアルウ

・【公交福明站→公交天童站】【公交天童站→公交福明站】

・162 路停車駅［公交福明站　公交福明站ー汽车东站　汽车东站ー福明街道　福明街道ー市行政中心　市行政中心ー市行政中心东　市行政中心东ー引发工業区　引发工業区ー盛垫　盛垫ー邱隘羊毛衫市场　邱隘羊毛衫市场ー浦根村　浦根村ー邱隘民営工

▲左　寧波と天童寺を結ぶ162路。　▲右　バス停の看板、路線バスは安くて便利

業区　邱隘民营工业区ー項隘村　项隘村ー五郷中学東　五乡中学东ー天童荘村　天童庄村ー四安村　四安村ー五郷農貿市場　五乡农贸市场ー蟠竜路蟠龙路ー五郷鎮政府　五乡镇政府ー五郷鎮行政服務中心　五乡镇行政服务中心ー逸夫中学　逸夫中学ー雅荘村　雅庄村ー宝幢　宝幢ー宝幢市場　宝幢市场ー明倫村　明伦村ー育王　育王ー沙堰村委会　沙堰村委会ー沙堰村　沙堰村ー河頭工業区　河头工业区ー東呉鎮政府　东吴镇政府ー河頭村　河头村ー東呉中学　东吴中学ー東呉市場　东吴市场ー東呉小学　东吴小学ー東呉中学　东吴中学ー河頭村　河头村ー　東呉鎮政府　东吴镇政府ー蔡家　蔡家ー小白村陳家　小白村陈家ー小白村王家

小白村王家ー小白村徐家　小白村徐家ー童一村　童一村ー天童菜场　天童菜场ー天童村　天童村ー天童新村　天童新村ー天童风景名胜区　天童风景名胜区ー公交天童站　公交天童站］
・公交福明站から公交天童站まで乗って3元（最高3元）
・7〜20分間隔で1本

パワースポット天童寺

寧波方面から162路で東に向かって走っていると、やがて阿育王寺手前で南に折れます。この折れる場所にあるバス停を「育王」と言います。「育王」が天童寺と阿育王寺の分岐点に

Putuoshan｜路線バスで旅する寧波古刹

なるということは是非憶えていただきたいと思います（阿育王寺へはバス停「育王」から歩ける隣のバス停「阿育王寺」が最寄りです）。そして、このあたりになってくると、ものすごく自然が綺麗になってくるのです。さあ天童寺着。とても美しい景観のなか伽藍が展開していて、空気もおいしい。ちなみに天童寺界隈には食事処があまりありませんので、食事は寧波ですませておいたほうが得策です。屋台が少し出ていたのは確認しました。また阿育王寺のほうは天童寺よりも観光地化されていて、土産物店などがずらりとならぶ感じでした。

普陀山

[DATA] **天童寺** 天童寺 tiān tóng sì ティエントォンスウ

・日の出〜日没（朝6時ごろ〜夕方17時ごろ）

・無料（免費）

【いま天童寺 ［アクセス情報］】

→つぎ阿育王寺（162路で育王）

→つぎ寧波（162路で寧波汽車東站）

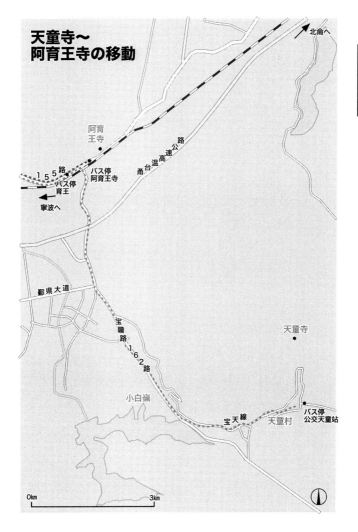

CHINA
普陀山

次のお寺に移動しよう

さて天童寺から阿育王寺に移動です。逆ルートももちろんあります。阿育王寺と天童寺のジャンクション・ポイントとなるのが、バス停「育王」です。名前からもわかるように阿育王寺のすぐそばでバス停「阿育王寺」のすぐ隣のバス停です。ふたつのバス停は眼と鼻の先。余裕で歩けます。天童寺方面に分岐するわかりやすいジャンクション・ポイントがバス停「育王」、阿育王寺の目の前まで行くのがバス停「阿育王寺」というところでしょうか。そのため先に阿育王寺を観て、次に天童寺へ向かう場合は、「阿育王寺」のバス停ではなく、「育

▲左　大勢の巡礼団も訪れる阿育王寺。　▲右　天童寺近くで見た現代建築

王」のバス停で162路を待たなくてはなりません。ふたつの寺院を結ぶバスの乗り時間は30分程度です。待ち時間もあわせて寺から寺の移動は1時間程度見ておけばよいと思います。

[DATA] **阿育王寺** 阿育王寺 ā yù wáng sì アアユウワァンスウ

・日の出～日没（朝6時ごろ～夕方17時ごろ）
・無料（免費）

普陀山

【いま阿育王寺 ［アクセス情報］】

→つぎ天童寺（162路で終点）

→つぎ寧波（155路、162路、758路、759路、790路で寧波汽車東站）

［DATA］155路 yāo wǔ wǔ lù ヤオウウウルウ

・【麦徳竜（滄海路寧穿路口）→阿育王寺】【阿育王寺→麦徳竜（滄海路寧穿路口）】

・155路停車駅［麦徳竜 麦徳龙ーーーーー太古城 太古城ー汽車東站 汽車東站ー滄海路寧穿路口 沧海路宁穿路口ー温州銀

行 温州银行ー国際航運中心 国际航运中心ー海港花園 海港花園ー市行政中心 市行政中心ー市行政中心東 市行政中心东ー引発工業区 引发工业区ー盛垫 盛垫ー邱隘羊毛衫市場 邱隘羊毛衫市场ー浦根村 浦根村ー邱隘民営工業区 邱隘民营工业区ー項隘村 项隘村ー五郷中学西 五乡中学西ー五郷中学東 五乡中学东ー天童荘村 天童庄村ー四安村 四安村ー五郷農貿市場 五乡农贸市场ー蟠竜路 蟠龙路ー回江路 回江路ー五郷鎮政府 五乡镇政府ー五郷鎮行政服務中心 五乡镇行政服务中心ー逸夫中学 逸夫中学ー雅荘村 雅庄村ー宝幢 宝幢ー宝幢市場 宝幢市场ー明倫村 明伦村ー育王 育王ー阿育王寺 阿育王寺］

CHINA
普陀山

- 寧波東バスターミナル（寧波汽車東站）から阿育王寺までで2元
- 寧波東バスターミナル（寧波汽車東站）から阿育王寺（育王）までの同区間を走る758路は朝5時15分～夕方18時運行、759路は朝5時半～夕方18時運行、790路は朝5時50分～夕方17時運行

さあ寧波に帰ろう
阿育王寺、天童寺方面から寧波方面への最終バスはいずれも18時前です。ということは余裕をもって最低17時には阿育

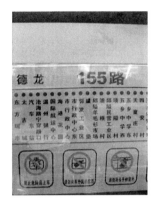

▲左　阿育王寺直通の155路の路線。　▲右　天童寺で売られていた質素だがおいしい食事

王寺、天童寺を離れておく必要があります。155路で帰る場合、麦徳竜行きなので途中の寧波東バスターミナル（寧波汽車東站）で降りなくてはなりません。そこから地下鉄1号線の福明路駅に乗り換えか、タクシーでホテルまでお戻りください。このあたりは乗客がぞろぞろと降りますので、わかりやすいですが、それが面倒なら阿育王寺（もしくは育王）から寧波東バスターミナル（寧波汽車東站）が終点の162路、759路、790路を利用することをおすすめします。ちなみに758路は鉄道の寧波東駅が終点となっております。

CHINA
普陀山

寧波古刹モデルコース

・寧波発→162路→天童寺着（朝8時半～朝10時）

・天童寺で2時間観光（朝10時～昼12時）

・天童寺発→162路→阿育王寺着（昼12時～昼13時）

・阿育王寺で食事1時間（昼13時～昼14時）

・阿育王寺で2時間観光（昼14時～夕方16時）

・阿育王寺発→155路→寧波東バスターミナル着（夕方16時～夕方17時）

・以上はゆったりまわっても1日でふたつのお寺がまわれるコースです。

おまけで寧波博物館

普陀山や天童寺、阿育王寺をまわった
それから寧波の少し異なる顔ものぞいてみたい
そんな人におすすめなのが寧波博物館です

贅沢なおまけ

寧波を旅したなかで、個人的にもっともよかった。これはおすすめというのが寧波博物館です。この寧波博物館は建築界のノーベル賞と言われるプリツカー賞を受賞した著名建築家の王澍（ワンシュウ）氏による設計です。寧波から南5kmにある新市街の鄞州新区の中心部にどぉーんと立っています。寧波も上海同様、郊外に拡大が続いているようですね。寧波市街から寧波博物館までは628路、160路、168路の3つの路線が走っております。いずれの路線で降りるのも「寧波博物館 宁波博物馆」でバスの車内からもその威容を観ること

▲左　寧波博物館に集まるバス路線、鄞州新区の中心に位置する。　▲右　寧波市街とは明らかに異なる規模の街区をもつ鄞州新区

ができます。

[DATA] 寧波博物館 宁波博物馆 níng bō bó wù guǎn ニィンボウボオウウグゥアン

・朝9時〜夕方17時（入場16時まで）

・無料（免費）

・休み（月曜日、中国の祝日）

普陀山

[DATA] 628路 liù èr bā リィウアアバアルウ

・【霊橋東→公交姜山站（小城春秋）（朝6時～夜22時）】【公交姜山站(小城春秋)→霊橋東（朝5時10分～夜21時10分)】

・628路停車駅［霊橋東 灵桥东ー琴橋東 琴桥东ー興寧橋東 兴宁桥东ー日月星城 日月星城ー周宿渡 周宿渡ー長豊 长丰ー長豊新村 长丰新村ー金家漕 金家漕ー寧南立交橋南 宁南立交桥南ー慧灯寺 慧灯寺ー都市森林 都市森林ー万達広場西 万达广场西ー鐘盈小区 钟盈小区ー寧波博物館(中国銀行) 宁波博物馆（中国银行）ーーーーー公交姜山站（小城春秋） 公交姜山站（小城春秋)］

寧波博物館への
路線バス（628路）

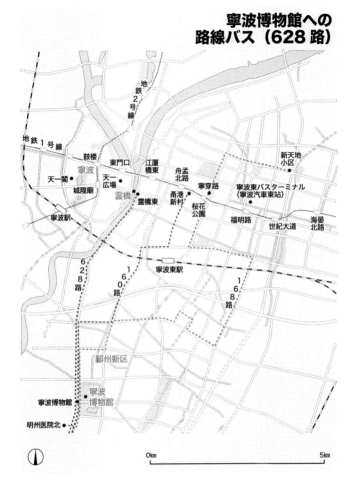

CHINA
普陀山

- 7〜15分間隔で1本
- 天一広場の東の霊橋を渡ったバス停「霊橋東」から「寧波博物館」へ（バス停「霊橋東」の場所は【地図】普陀山快艇售票処に掲載）
- 寧波から南に5kmの鄞州新区に入ってくると、急に街区（道幅）が広くなってくる。628路の終点は寧波博物館のはるか南なので、途中下車に要注意。もしも途中下車に自信がなければ、168路を利用（ちょっと遠まりになるけど、終点明州医院北から寧波博物館は歩ける距離）

我想去宁波博物馆

[見せる中国語]
Wǒ xiǎng qù níng bō bó wù guǎn
ウォシィアンチュウ・ニィンボウ・ボオウウグゥアン
私は寧波博物館にゆきたい

CHINA
普陀山

さいごに

中国はやっぱり変わってきている!! そう感じたのは杭州、寧波あたりをまわっていたときのことです。杭州では南宋御街の宜必思酒店(イビスホテル)、寧波では李宅青年旅舎(ユースホステル)に泊まったのですが、そこで働く人や旅する人たちは、もうほとんど日本とは変わらないという印象を受けました。杭州の宜必思酒店(イビスホテル)では、「六和塔に行きたい」「紹興へのバスターミナルに行きたい」などと質問すると、すぐに調べて案内してくれました。部屋もとってもきれいです。そして、寧波で3連泊したユースホ

Pututoshan｜あとがき

ステル。ここのラウンジで毎日、ビールを飲んでいたのですが、そこでは「寧波博物館を観るために寧波まで来た」という中国人学生に出逢ったのです。そして寧波博物館へはこの中国人学生に教えてもらった路線バスのルートで行ったのでした。またユースホステルで相部屋になった中国人は、部屋に他人が入ってくるのを確認するなり、大音量でかけていたスピーカーの音を消して、まわりへの配慮を見せてくれました。以上のやりとりは、たまたま出逢った日常の一場面に過ぎないかもしれませんが、中国人の趣味や嗜好というものは確実に変わってきている。そう感じさせるものでした。上海

CHINA
普陀山

から近くて、新旧の交わる普陀山と寧波。きっと大満足できる旅を、どうぞご堪能ください。

CHINA
普陀山

あとがき

　私には旅行するにあたって、心がけていることがふたつあります。ひとつは現地の鉄道切符や寺院の入場券、ホテルのレシートから、破れたバス・チケットまですべてをとっておくということです。これから先、その土地とのつながりは破れたバス・チケット1枚でしかなくなるかもしれない。そんな思いからでした。

　この旅先の収集癖は、今から10年前にはじまったものです。2005年に出版された日本初（世界でもほとんど初）の

Putuoshan

あとがき

　アフガニスタンの旅行ガイドに続いて、私は日本製の旅行ガイドのなかったリビアやアルジェリアの旅行ガイド制作をはじめるようになりました。結局、それはかなわなかったのですが、私は一貫して旅行ガイドはその土地を歩いた旅人がつくるものであり、それははじめは不格好であっても、そのルートをなぞる旅人によって洗練されていくものだ、と考えてまいりました。

　「地球上に残されている秘境などない」。そんな言葉も聞こえるなか、かつてレバノンやキューバ、シベリア（ロシア）、ボスニア・ヘルツェゴビナ、ウズベキスタンなど比較的日本

CHINA
普陀山

　人に馴染みの薄い国や地域を旅していた私は、最近もっぱら北京や上海、香港、デリーやムンバイなど日本人旅行者の多い地域を旅しています。しかし、そうした地域に秘境は存在しないのでしょうか？

　最初に話した旅する前の心がけのふたつめについてです。私は旅行前にできる限りの情報を集め、あらかじめ自分でどこを歩くかのかんたんな地図を描いてゆきます。自分で街の地図を描けば、その街のつくりや見どころなどがものすごく頭に入ってくるのです。そして、大体の場合、旅にもっていった地図は、帰国後、1から描き直すことになっています。実

あとがき

際に自分で旅し、その街を歩いてみると、Aという見どころとBという見どころが1枚の地図で歩けたり、歩けずにタクシーが必要だったり、もっと縮尺の大きな地図にしないとダメだ、といったことがわかるからです。単純な縮尺だけではありません。上海や北京など地下鉄の張り巡らされた街と、大連や天津のような街では、旅人の必要とする地図の縮尺が変わってくると思うのです。

　こうした観点から、一度、地図を描いてから旅をして、帰国後、再び、地図を描く。そうしたことを繰り返してつくったのが『まちごとインド』『まちごとアジア』『まちごと

CHINA
普陀山

チャイナ』でした。2015年1月、この観光情報特化の旅行ガイドに加え、アクセス情報特化の旅行ガイド自力旅游中国『Tabisuru CHINA（旅するチャイナ）』をリリースさせていただきました。アクセス情報しか載っていない旅行ガイドは、スマホやネットを通じて旅人がさまざまな媒体から旅行情報がとれる2010年代以降でしか実現できなかったかもしれません。補完関係にあるまちごとチャイナ『浙江省009 普陀山』と自力旅游中国『Tabisuru CHINA 004 船に揺られて「自力で普陀山」』。またよろしければ、まちごとパブリッシングwebで配布中の寧波地下鉄路線図、上海地下鉄路線図もあわ

せてお使いいただき、旅人のみなさまのご意見、ご批判をお待ちしたいと思います。

2015 年 1 月 27 日　たきざわ旅人

mail address match.pub@gmail.com

参考資料

『明代萬暦年間における普陀山の復興』(石野一晴 / 東洋史研究)

普陀山风景名胜区管委会(中国語)http://www.putuoshan.gov.cn/

宁波港股份有限公司(中国語)http://www.nbport.com.cn/

舟山交通(中国語)http://www.zsjtw.gov.cn

宁波公交总公司(中国語)http://www.nbgj.net/

舟山海星轮船有限公司(中国語)http://www.hxzs.com.cn/

芦潮港镇(中国語)http://luchaogang.pudong.gov.cn/

宁波博物馆(中国語)http://www.nbmuseum.cn/

オープンストリートマップ http://www.openstreetmap.org/

まちごとパブリッシングの旅行ガイド
Machigoto INDIA , Machigoto ASIA , Machigoto CHINA

【北インド - まちごとインド】

001 はじめての北インド
002 はじめてのデリー
003 オールド・デリー
004 ニュー・デリー
005 南デリー
012 アーグラ
013 ファテープル・シークリー
014 バラナシ
015 サールナート
022 カージュラホ
032 アムリトサル

【西インド - まちごとインド】

001 はじめてのラジャスタン
002 ジャイプル
003 ジョードプル
004 ジャイサルメール
005 ウダイプル
006 アジメール（プシュカル）
007 ビカネール
008 シェカワティ
011 はじめてのマハラシュトラ
012 ムンバイ
013 プネー
014 アウランガバード
015 エローラ
016 アジャンタ
021 はじめてのグジャラート
022 アーメダバード
023 ヴァドダラー（チャンパネール）
024 ブジ（カッチ地方）

【東インド - まちごとインド】

002 コルカタ
012 ブッダガヤ

【南インド - まちごとインド】

001 はじめてのタミルナードゥ
002 チェンナイ
003 カーンチプラム
004 マハーバリプラム
005 タンジャヴール
006 クンバコナムとカーヴェリー・デルタ
007 ティルチラパッリ
008 マドゥライ
009 ラーメシュワラム
010 カニャークマリ
021 はじめてのケーララ
022 ティルヴァナンタプラム
023 バックウォーター（コッラム～アラップーザ）
024 コーチ（コーチン）
025 トリシュール

【ネパール - まちごとアジア】

001 はじめてのカトマンズ
002 カトマンズ
003 スワヤンブナート

004 パタン
005 バクタプル
006 ポカラ
007 ルンビニ
008 チトワン国立公園

【バングラデシュ - まちごとアジア】

001 はじめてのバングラデシュ
002 ダッカ
003 バゲルハット（クルナ）
004 シュンドルボン
005 プティア
006 モハスタン（ボグラ）
007 パハルプール

【パキスタン - まちごとアジア】

002 フンザ
003 ギルギット（KKH）
004 ラホール
005 ハラッパ
006 ムルタン

【イラン - まちごとアジア】

001 はじめてのイラン
002 テヘラン
003 イスファハン
004 シーラーズ
005 ペルセポリス
006 パサルガダエ（ナグシェ・ロスタム）
007 ヤズド
008 チョガ・ザンビル（アフヴァーズ）
009 タブリーズ
010 アルダビール

【北京 - まちごとチャイナ】

001 はじめての北京
002 故宮（天安門広場）
003 胡同と旧皇城
004 天壇と旧崇文区
005 瑠璃廠と旧宣武区
006 王府井と市街東部
007 北京動物園と市街西部
008 頤和園と西山
009 盧溝橋と周口店
010 万里の長城と明十三陵

【天津 - まちごとチャイナ】

001 はじめての天津
002 天津市街
003 浜海新区と市街南部
004 薊県と清東陵

【上海 - まちごとチャイナ】

001 はじめての上海
002 浦東新区
003 外灘と南京東路
004 淮海路と市街西部
005 虹口と市街北部
006 上海郊外（龍華・七宝・松江・嘉定）
007 水郷地帯（朱家角・周荘・同里・甪直）

【河北省 - まちごとチャイナ】

001 はじめての河北省
002 石家荘
003 秦皇島
004 承徳
005 張家口
006 保定
007 邯鄲

【江蘇省 - まちごとチャイナ】

001 はじめての江蘇省
002 はじめての蘇州
003 蘇州旧城
004 蘇州郊外と開発区
005 無錫
006 揚州
007 鎮江
008 はじめての南京
009 南京旧城
010 南京紫金山と下関
011 雨花台と南京郊外・開発区
012 徐州

【浙江省 - まちごとチャイナ】

001 はじめての浙江省
002 はじめての杭州
003 西湖と山林杭州
004 杭州旧城と開発区
005 紹興
006 はじめての寧波
007 寧波旧城
008 寧波郊外と開発区
009 普陀山
010 天台山
011 温州

【福建省 - まちごとチャイナ】

001 はじめての福建省
002 はじめての福州
003 福州旧城
004 福州郊外と開発区
005 武夷山
006 泉州
007 厦門
008 客家土楼

【広東省 - まちごとチャイナ】

001 はじめての広東省
002 はじめての広州
003 広州古城
004 天河と広州郊外
005 深圳（深セン）
006 東莞
007 開平（江門）
008 韶関
009 はじめての潮汕
010 潮州
011 汕頭

【遼寧省 - まちごとチャイナ】

001 はじめての遼寧省
002 はじめての大連
003 大連市街
004 旅順
005 金州新区

006 はじめての瀋陽
007 瀋陽故宮と旧市街
008 瀋陽駅と市街地
009 北陵と瀋陽郊外
010 撫順

【重慶 - まちごとチャイナ】

001 はじめての重慶
002 重慶市街
003 三峡下り（重慶〜宜昌）
004 大足

【香港 - まちごとチャイナ】

001 はじめての香港
002 中環と香港島北岸
003 上環と香港島南岸
004 尖沙咀と九龍市街
005 九龍城と九龍郊外
006 新界
007 ランタオ島と島嶼部

【マカオ - まちごとチャイナ】

001 はじめてのマカオ
002 セナド広場とマカオ中心部
003 媽閣廟とマカオ半島南部
004 東望洋山とマカオ半島北部
005 新口岸とタイパ・コロアン

【Juo-Mujin（電子書籍のみ）】

Juo-Mujin 香港縦横無尽
Juo-Mujin 北京縦横無尽
Juo-Mujin 上海縦横無尽

【自力旅游中国 Tabisuru CHINA】

001 バスに揺られて「自力で長城」
002 バスに揺られて「自力で石家荘」
003 バスに揺られて「自力で承徳」
004 船に揺られて「自力で普陀山」
005 バスに揺られて「自力で天台山」
006 バスに揺られて「自力で秦皇島」
007 バスに揺られて「自力で張家口」
008 バスに揺られて「自力で邯鄲」
009 バスに揺られて「自力で保定」
010 バスに揺られて「自力で清東陵」
011 バスに揺られて「自力で潮州」
012 バスに揺られて「自力で汕頭」
013 バスに揺られて「自力で温州」

【車輪はつばさ】
南インドのアイラヴァテシュワラ寺院には建築本体に車輪がついていて寺院に乗った神さまが人びとの想いを運ぶと言います。

・本書はオンデマンド印刷で作成されています。
・本書の内容に関するご意見、お問い合わせは、発行元のまちごとパブリッシング info@machigotopub.com までお願いします。

Tabisuru CHINA 004
船に揺られて「自力で普陀山」
〜自力旅游中国［モノクロノートブック版］

2017年11月14日　発行

著　者	「アジア城市（まち）案内」制作委員会
発行者	赤松　耕次
発行所	まちごとパブリッシング株式会社 〒181-0013　東京都三鷹市下連雀4-4-36 URL http://www.machigotopub.com/
発売元	株式会社デジタルパブリッシングサービス 〒162-0812　東京都新宿区西五軒町11-13 清水ビル3F
印刷・製本	株式会社デジタルパブリッシングサービス URL http://www.d-pub.co.jp/

MP174

ISBN978-4-86143-308-5 C0326　　　Printed in Japan
本書の無断複製複写（コピー）は、著作権法上での例外を除き、禁じられています。